だいわ文庫

ニュアンスまでわかる！　伝わる！
英語表現200

イムラン・スィディキ

大和書房

はじめに
あなたも異次元の世界を体験してみてください！

「外国人のお客さんに“ハウアーユー？”って聞かれるんですけど、いつも日本語で『元気です』って答えちゃうんです。そういう時って『アイムファイン』でいいんですか？」

いつもの美容院で、女性スタイリストが僕に聞いてきました。

「はい、大丈夫ですよ」と僕が答えると、彼女は恥ずかしそうに続けました。
「学校で習った英語って合ってるかわからないから、なんか使えないんですよね」

実はこの美容院のお姉さんに限らず、多くの日本人の方は知っている英語、合っているはずの英語を話すことを躊躇します。間違えたらどうしよう。間違えたら恥ずかしい。こんな簡単なことも知らないのかと思われたくない。色々な気持ちが飛び交うわけです。

そうです。英語の勉強は実際の難しさよりも、心のハードルのほうが高いのです。

知っている英語でも、発音が違ったら聞き取ってもらえないかもしれない。英会話スクールに通いたいけど、こんなレベルじゃ通えないよな〜。そういう心のハードルが英語にはたくさんありますよね。

僕がこの本に載せた英語表現を「英語 英会話一日一言」としてmixiで教え始めたのは2005年頃です。僕のレッスンで生徒さんがよく間違える表現やちょっと勘違いして覚えている表現をメインにお教えしていました。

開始して半年ぐらい経ってからのことです。日本国内の方はもちろんですが、海外に住む日本人の方からたくさんメッセージをいただきました。

「アメリカに来れば英語はなんとかなると思ってたけど、まったくどうにもなりませんでした。でも、イムラン先生の『一日一言』を地道に勉強していたら、先日覚えた表現を隣の家の人が使っていて、聞き取れました！
まだ話すまではいきませんが、生の英語が聞き取れたのは私にとっては大きな進歩です。これからもがんばります！」

先日もアメリカ在住の方が、一時帰国されたついでに私の講座にいらっしゃいました。初期の頃からmixiで「一日一言」をご覧いただいていたのですが、本格的に使い始めたのは、渡米してからということでした。
この方は、まさにこの本に出てくる英語表現を現地での英語レッスンで使うのだそうです。そうすると、先生に「君の英語はなんてナチュラルなんだ！」と驚かれるそうです。
国内で英会話スクールに通われている多くの方たちも、「一日一言」の言い回しを覚えてレッスンで使ってみると、先生方に「どこで覚えたの？」と驚かれ、ほめられるそうです。

こういう話を聞いて、僕が一番嬉しいのは、みなさんに「英語を使ってみたら通じた！」という喜びを感じていただけることです。
今までは「通じるかな～？」「わからないな～」とネガティブになっていた方が、英語が通じた瞬間、異次元の世界に飛んでいくんです。「おお！　通じた！」、「おお！　ほめられた！」って。完全にポジティブな状態になるわけです。

そうなると、勉強が楽しくなります。心のハードルなんかどこかに吹っ飛んじゃいます。

この本を手に取っていただいたあなたにもぜひ、異次元の世界に飛んでいってもらいたいと思います。本書でご紹介している英語表現を使ってみてください。使う相手がいなければ、鏡に映った自分に、この本に出てくる表現をつぶやいてください。

まずはそこから始めましょう。

それでもまだハードルが高いと思う方は、ベッドやふとんの中で目を閉じて、心の中でいいので、この本に出てくる英語表現をつぶやいてください。
それができたら英語表現を声に出してください。
次は起きている状態で、目の前に誰かがいるのを想像して、英語を使ってみてください。そして、いよいよ鏡に映った自分です。

鏡に映った自分にある程度余裕を持って、気さくな感じで英語が使えるようになったら、いよいよ外に出る時期です。
外に出たら、深呼吸をしましょう。心を落ち着けてください。この本を開いて、好きな英語表現を一つ選んでください。その表現を何度か声に出して言ってみましょう。滑らかに言えるようになってきたら、準備は整いました。

次は気の良さそうな外国人を物色してください。
見つけたら、"Excuse me." と言いながらその人に近づいてください。

そして、練習した英語表現を言ってください。通じた場合は会話を続けてみましょう。
通じなかった場合は走って逃げましょう。

大丈夫です。外国人からすれば日本人はみんな同じ顔をしています。あなたの顔を覚えている可能性は万に一つもありません。そしてまた気の良さそうな外国人を物色してください。あとはどうすればいいか覚えていますね。

ではみなさま、have a wonderful journey into the world of English!
See you in my next book!

イムラン

英語表現200

英語から引く目次

英語から引く目次

英語から引く目次

英語表現200

日本語から引く目次

日本語から引く目次

日本語から引く目次

ご購入の方に
音声付き動画特典!

本書に掲載されている200個の英文は、
すべて僕の動画付き音声で学べます。
インターネットで下記のサイトに行き、
ユーザー名とパスワードを入力してください。
ユーザー名とパスワードはどちらも **200secrets** です。

http://coper.biz/200-1/

使っているシーンを思い浮かべながら、
マネして発音してみてくださいね!

※各クエスチョンページにあるナンバーは、
メールマガジン「英語 英会話一日一言」と連動しています。
ぜひ、1日1表現覚えてください!

Q.
001
今日の一言は

動画No.366

I feel at home here.

それでは答えをお考えください。

Q.
002
今日の一言は

動画No.367

It's so cold today, I can't feel my feet.

ちょっと長いですが、これはどういう意味でしょう?

A.
001
答えは……

ここは居心地がいいです。

みなさんが、自分の家以外でくつろいだり、居心地がいいと思うところはどこですか？　いくつか挙げてみてください。イメージとしては、心から安らげる場所だったり、気が楽になったりするところです。場所ではなく、そこにいる人たちが温かく歓迎してくれるところを指す時にも使えます。「みんながよくしてくれるから、居心地がいい」というようなイメージです。覚えておいてください！

A.
002
答えは……

寒くて、足の感覚がない。

こう言いたい時に、ほとんどの方は「『感覚』って英語で何て言うんですか？」と聞きます。講師は “sensation” とか “sense” と答えます。でもそれを使っても、大抵間違ってしまうんですよね。単語を勉強することは悪くはないのですが、単語だけ覚えても使えないことがけっこうあるんです。言いたいことが言えるようになりたい方は、こういった決まり文句をどんどん覚えるようにしてください！

動画No.368

Q.
003
今日の一言は

I got cold feet.

深く考えずに自分の答えを決めてください!

動画No.369

Q.
004
今日の一言は

Rain or shine.

これはどういう意味でしょう?

A.
003
答えは……

おじけづいた。

またまた単語だけではわからない表現でした！ この表現は特に「いざという時に逃げ腰になった」というニュアンスで使うことが多いです。ご自分がcold feetになった時のことを思い出してこの表現を覚えてください！

A.
004
答えは……

雨天決行。

「何があっても」という意味でも使います。よくフェスティバルのチラシなどに書いてありますが、そういう場合は「雨天決行」という感じですね。
Come rain or shineと言う時は、「雨が来ようが、晴れだろうが、何があっても」という意味合いです。英語の慣用句です。ぜひ覚えておいてください！

Q.
005
今日の一言は

動画No.370

Rise and shine!

これはどういう意味でしょう?

Q.
006
今日の一言は

動画No.371

I live in a high-rise apartment.

これはどういう意味でしょう?

A.
005
答えは……

朝だよ！
起きましょう！

「起きろ！」でもOK。よく親が子どもに言います。お子さんがいらっしゃる方は使ってください！　こういった決まり文句的なものは、使える人は日常的に使って、使う機会がない人は日常的に意識してみてください。それだけでも少し違うはずです。がんばりましょう！

A.
006
答えは……

高層マンションに
住んでいます。

高層マンションをtall apartmentと言ってしまう方がよくいるので、気をつけてください。ちなみに、高層でない場合は、low-riseとは言いません。ただのapartmentでOKです。

Q.
007
今日の一言は

動画No.372

I'd love to live in France.

これは日本語で言うと、どういう感じでしょう?

Q.
008
今日の一言は

動画No.373

You'll love it.

これはどういう意味でしょう?

A.
007
答えは……

フランスに住みたいな～。

“I'd love to” は「ぜひ！」という意味でよく使います。「ぜひしたい！」という気持ちがある時は “I'd love to” を使ってください！

A.
008
答えは……

絶対に気に入ると思うよ！

映画などを人に薦める際に使えそうですね。そういう場合は、「絶対に楽しいと思うよ！」という感じになります。すごくおいしかったケーキを薦める時にも使えます。ほぼどんなシチュエーションでも使えるので、ガンガン使ってください！　イムランに何かおすすめのものがあれば教えてください！

動画No.374

Q.
009
今日の一言は

It wasn't that fun.

これはどういう意味でしょう?

動画No.375

Q.
010
今日の一言は

You're funny.

これはどういう意味でしょう?

A.
009
答えは……

そこまで面白くはなかった。

今日のポイントはthatとfunです！　こういう場合、thatは「そこまで」というニュアンスで使います。そしてfunは、「楽しい」という感じの「面白い」か、そのまま「楽しい」という意味でよく使います。
「笑える」ほうの面白さの場合は、funnyを使うので間違えないようにしましょう。笑えるほうの面白さだったら、“It was funny.”という表現を使います。こちらも覚えてください！

A.
010
答えは……

面白い人ですね。

あるいは、「あなた、面白いですね」でもOK。
funとfunnyをごっちゃにしてしまう方がけっこう多いです。こういう基本的なところからしっかりと区別して覚えるようにしましょう。

Q.

011

今日の一言は

動画No.376

That's not funny.

答えを見てしまう前に考えてください!

Q.

012

今日の一言は

動画No.377

Not at all.

これはどういう意味でしょう?

A.
011
答えは……

それ、笑えない。

「それ、しゃれにならないよ」でもいいです。人が笑えない冗談などを言った時に使えます。実際に使う機会は少ないかもしれませんが、映画やドラマを観ていて、普通に出てくる表現なので、覚えておきましょう。

A.
012
答えは……

ぜんぜんいいよ。

あるいは、「ぜんぜん気にしないで」。「ありがとう」と言われて、「どういたしまして」の代わりに使うことがけっこうあります。そして「迷惑かけてごめんね」と言われた時も、「ぜんぜん気にしないで」という感じで使います。あとは、「待たせちゃった？」と聞かれて、「いや、ぜんぜん」という感じの「ぜんぜん」でも使います。使い道は色々ありますので、試してみてください！

Q.
013
今日の一言は

動画No.378

Not anymore.

これはどういう意味でしょう?

Q.
014
今日の一言は

動画No.379

I'll have a little more.

答えを見てしまう前に少し考えてください!

A.
013
答えは……

もう○○じゃない。

たとえば、「白金に住んでるんだっけ？」と聞かれて、「いや、もう住んでないよ」と言いたい時に “Not anymore.” というふうに使えます。
大抵は「まだ○○してるの？」と聞かれた際に使います。“Do you still ○○?” と聞かれたら使う確率が高いです。覚えておきましょう！

A.
014
答えは……

もう少しもらいます。

レストランでワインをついでもらいたい時などに使えます。あとは友人宅で食事をしていて、「もう少し食べませんか？」と聞かれた際にも使えます。

動画No.380

Q.

015

今日の一言は

I bought a little something.

これは日本語で言うと、どういう感じでしょう? 考えてください!

動画No.381

Q.

016

今日の一言は

Can you get me something from the store?

考えてみて間違っていると、より記憶に残ります。考えましょう!

A.
015
答えは……

ちょっとしたものを買ったんだけど……。

「ちょっとしたプレゼント（おみやげ）があるんだけど……」という感じです。日本語で言うところの「つまらないものですが」という表現です。本当につまらないものだったら買わないはずなので、ちょっとした謙遜としてこの表現を使います。

A.
016
答えは……

何か買ってきてくれる？

近くまで出かける友だちや同僚に、ついでに何かを買ってきてもらいたい時に使えます。相手が元々そのお店に行く予定であれば、the storeはつけなくてもいいです。getはこのように「買う」とか「持ってくる」という意味でも使います。

Q.
017
今日の一言は

動画No.382

I didn't see it coming.

これはどういう意味でしょう？

Q.
018
今日の一言は

動画No.383

Come on in.

難しく考えなくていいですよ。

A.
017
答えは……

それは予想していなかった。

この表現はちょっと難しいです。中級向けです。わかった方は、すごいですよ！　この表現はまったく予想していなかった何かが起こった時に使います。たとえば、うまくいっていると思っていた彼女に急にふられたり、会社を急にクビになったり。大抵、予想外の悪いことが起こった時に使います。覚えておいてください！

A.
018
答えは……

どうぞ、入ってください。

あるいは、「入りなよ」。
会社や英会話のレッスンで、入っていいのかわからず、ドアの外で待っている人に対して使う表現です。少しだけくだけた感じなので、目上の人には使いません。同年代か年下の人には使えます。普通に使う表現なので、覚えておいてください！

Q.
019
今日の一言は

動画No.384

I'm almost done.

わかる方もわからない方も答えを考えてみてください!

Q.
020
今日の一言は

動画No.385

I went straight to bed.

直訳でもわかりそうですね!

A.
019
答えは……

もうすぐ終わります。

almostは使い方を間違える方が多いので、こういう形で表現単位で覚えてください。ほかにも似たような表現で「I'm almost there.＝もうすぐ着きます」もよく使います。セットで覚えてください！

A.
020
答えは……

帰ってすぐ寝た。

これは「I went to bed.＝寝た」に「straight＝直」を入れた表現です。日本語で言う「直帰」の「寝た」版「直寝」だと思ってください！

動画No.386

Q.
021
今日の一言は

The explanation was quite straightforward.

ちょっと難しめの単語ですが、答えを考えてみてください!

動画No.387

Q.
022
今日の一言は

He is a straightforward guy.

今回のstraightforwardはどういう意味でしょう?

A.
021
答えは……

けっこうわかりやすい説明でした。

今回のはちょっと難しかったですね！ でも、これで覚えられるはずです。Straightforwardは「そのまんま」「聞いたとおり」というニュアンスです。そういうふうに覚えておいてくださいね！ それ以外にも「単刀直入」とか、日本語で言う「ストレートな物言い」という意味でも使います。たとえば、"He is quite straightforward." というと、「彼はけっこうストレートに物を言う」という意味になります。

A.
022
答えは……

彼はけっこうストレートにものを言う人です。

前回ちょっと説明した使い方です。この表現はわかりましたか？ 人だと、こういう意味になるので、覚えておいてください！
あなたの周りにはstraightforwardな人はいますか？ その人を思い浮かべると覚えやすいですよ！

動画No.388

Q.

023

今日の一言は

Just surviving.

これはどういう時に使うでしょう？ そしてどういう意味でしょう？

動画No.389

Q.

024

今日の一言は

Where to?

これはどういう意味で、どういう時に使うでしょう？

A.
023
答えは……

なんとかやってる。

この表現は、「最近どう？」と聞かれ、「なんとかやってる」と言いたい時に使えます。ちょっと仕事がしんどい時とかに使ってください。
その後に続けて言うことも用意しておいてください。ほとんどの場合、「どうしたの？」と聞かれるはずです。

A.
024
答えは……

どこへ？
行き先は？

たとえば、みんなで会っていて、誰か一人が「もう出ます」と言った時、「どこ行くの？」という感じで使えます。
また、アメリカでタクシーに乗った際も、運転手に大抵こう聞かれます。

Q.
025
今日の一言は

動画No.390

I'm coming.

これはどういう意味でしょう?

Q.
026
今日の一言は

動画No.391

We should leave.

これはどういう意味でしょう?

A.
025
答えは……

今行きます。
今、行くよ。

この表現は出かける時に、「まだ？」や「来ないの？」と言われた場合に使えます。あとは、家のドアベルが何度も何度も鳴らされた際にも使えます。
言えそうで言えない英語の一つです。しっかりと脳に焼き付けてください！

A.
026
答えは……

もう行きましょう。
もう行ったほうがいいですね。

次の待ち合わせがあって時間ギリギリな場合や、人の家に行ってその家の人たちが大げんかをしてしまった場合などに使えます。後者の例は、よくドラマ『フレンズ』に出てきます！　shouldは学校では「強い意味で使う」と教えられますが、「○○したほうがいい」というようなシチュエーションで使うことのほうが多いです。覚えておいてください！

動画No.392

Q.
027
今日の一言は

It's my calling.

これはどういう意味でしょう?

動画No.393

Q.
028
今日の一言は

How about tomorrow morning?

これは一体どういう意味でしょう?

A.
027
答えは……

これが私の天職です。

この一言を思いついたのは、最近「やっぱり英語を教えることが天職だ」と痛感したためでした。これからもがんばります！

A.
028
答えは……

(じゃあ) 明日の朝はどうですか？

今日や今回はダメと言われた時に使えます。ちょっと応用して、“How about tomorrow evening?” で、「明日の夜はどうですか？」になります。

Q.
029
今日の一言は

動画No.394

That's why it's cheap.

これはどうういう意味でしょう?

Q.
030
今日の一言は

動画No.395

I'm confused.

これはどういう意味で使うでしょう?

A.
029
答えは……

だから安いんです。

“That's why” は、知ってるけどなかなか出てこない英語表現です。ほとんどの方はこのような文章をbecauseを使って表現しようとします。becauseは「なぜなら」というニュアンスで使うので、しっかりと使い分けましょう！

A.
030
答えは……

わからなくなった。
よくわからない。
わけがわからなくなってきた。

confusedは「混乱している」という単語ですが、この表現を「私は混乱してます」で覚えないでください。直訳でOKな場合もありますが、意訳で覚えたほうが使えることが多いです。「わからなくなった」「よくわからない」「わけがわからなくなってきた」という意味で覚えて使ってください。

動画No.396

Q.
031
今日の一言は

It’s a little confusing.

これは日本語で言うとどういう意味でしょう?

動画No.397

Q.
032
今日の一言は

I didn’t know you were that young!

これはどういう意味でしょう?

A.
031
答えは……

ちょっとややこしい。
ちょっとわかりづらい。

今回も「混乱」ではなく、「ややこしい」や「わかりづらい」という意訳で覚えておいてください！
過去形にすると “It was a little confusing.” となります。ややこしい映画を観た後に使えますね。話がややこしい映画、何か思いつきますか？思いついたらイムランに教えてください！

A.
032
答えは……

そんなに若いなんて知らなかった!
そんなに若いの?!

言われたいです！ 今度僕に会うことがあったら、僕の歳を聞いてからこの表現を使ってください！楽しみにしています！

Q.
033
今日の一言は

動画No.398

I don’t think I can finish on time.

ちょっと長めですが、どういう意味でしょう?!

Q.
034
今日の一言は

動画No.399

Not exactly.

これはどういう意味でしょう?

A.
033
答えは……

時間通りに終わらないと思います。
時間通りに終わらなそうです。

今回のポイントは「on time＝時間通り」のほかに、もう一つあります。最初の“I don’t think”です！ 英語では「結論」を先に言うので、日本語だと最後が「思います」ですが、英語だと最初に「思いません」＝「終わるとは思いません」と言います。ちょっとややこしいのですが、英語の時は最初にできるかできないかをはっきりさせると考えてください。

A.
034
答えは……

というわけでもない。
（厳密に言うと）そういうわけでもない。

たとえば、こんな感じです。
ジョン：「マイクって、○○さん嫌いなんだよね？」
マイク：「そういうわけでもないんだよね。仕事のやりとりはいいんだけど、プライベートだとなんか合わない感じがするんだ」

動画No.400

Q.
035
今日の一言は

I really don't like natto.

これはどういう意味でしょう?

動画No.401

Q.
036
今日の一言は

I don't really like natto.

Q.035との違いを考えてみてください!

A.
035
答えは……

本当に納豆は好きではありません。

ちょっとへんてこな日本語の気もしますが、この場合のreallyはこういう使い方をします。don't like の代わりに hate を使うこともできます。hateは「大嫌い」なので、言い方としてはもっと強くなりますね。nattoの代わりにあなたが嫌いなものを入れて覚えてください！

A.
036
答えは……

納豆はあまり好きではありません。

Q.035と区別して使ってください。reallyの位置が違うだけで意味が大幅に変わります。適当に使っている方はここで区別して覚えてください！

Q.
037
今日の一言は

動画No.402

It's 4:05.

今回は意味だけではなく、発音も答えてください!

Q.
038
今日の一言は

動画No.403

I have to go on a diet.

これはどういう意味でしょう?

A.
037
答えは……

イッツ・フォー・オー・ファイヴ
又はイッツ・ファイヴ・パスト・フォー

4時5分のことですね。どちらもよく使います！ たまにどっちを言えばいいかわからないと言って、全部くっつける方がいます！ それはさすがにおかしいので、必ずどちらの言い方をするのか決めましょう。

A.
038
答えは……

ダイエットしなきゃ。

たまに “I'm diet.” と言う方がいるので、この問題を出しました。「ダイエットする」は “go on a diet” です。
「ダイエットしています」は、“I'm on a diet.” です。こちらも覚えておいてください！

動画No.404

Q.

039

今日の一言は

I'm a homemaker.

これはどういう意味でしょう?

動画No.405

Q.

040

今日の一言は

Lunch is ready.

これはどういう意味でしょう?

A.
039
答えは……

主婦です。

housewifeとhomemakerはどちらもよく使います。homemakerのほうが、「家庭を作っている」というイメージなので、最近はこちらを使うことが多いです！

A.
040
答えは……

お昼ごはんできたよ～。

誰かのためにお昼ごはんを作ることがある方は使えます。朝ごはんや晩ごはんに替えたりして毎回のように使ってください！

Q.
041
今日の一言は

動画No.406

What's for dinner?

これはどういう意味でしょう?

Q.
042
今日の一言は

動画No.407

I'm afraid I can't go to the party.

みなさん、自分の答えを決めてください!

A.
041
答えは……

今日の晩ごはん何？

ご家族がいらっしゃる方は毎晩使える英語表現ですね。英語は少しずつでいいので毎日使ってください！

A.
042
答えは……

残念ですが、パーティーには行けません。

「せっかくだけど、パーティーには行けません」でもOK。
“I'm afraid”には「怖い」という意味もありますが、「残念ながら」や「せっかくだけど」という意味もあります。

Q.
043
今日の一言は

動画No.408

Watch out!

これはどういう意味でしょう?

Q.
044
今日の一言は

動画No.409

Heads up!

これはどういう意味でしょう?

A.
043
答えは……

危ない！
気をつけて！
気をつけてね。

ボールが飛んできたりした時にも使いますし、何があるかわからないから気をつけてという時にも使います。
たとえば「Watch out for Imran!＝イムランに気をつけて！／イムランには用心して」というふうに使うこともあります。

A.
044
答えは……

危ない（頭上注意）！

何かが飛んで来た時に使える表現です。自分が何かを投げた場合や何か飛んでしまった場合でも使えます。
決して「頭を上に！」ではないので、間違えないでください！

Q.
045
今日の一言は

動画No.410

Keep in touch.

これはどういう意味でしょう?

Q.
046
今日の一言は

動画No.411

Aren’t you hot?

これはどういう意味でしょう?

A.
045
答えは……

これからも連絡を取り合いましょう。

直訳ではなく、日本語にすると「連絡してね。私（僕）もするけど」という感じです。覚えておいてください！
keepはよく「保つ」とか、「し続ける」というふうに使います。
たとえば、「I'll keep the door open.＝ドアを開けておきます」という文章も作れます。

A.
046
答えは……

暑くないの？

暖かいのに厚着をしている人がいたら使ってください！ ちなみに、「寒くないの？」は “Aren't you cold?” です！

Q.
047
今日の一言は

動画No.412

Let's see.

直訳せずに意訳しましょう!

Q.
048
今日の一言は

動画No.413

Are you seeing anyone?

これはどういう意味でしょう?

A.
047
答えは……

え〜っとね……。
そうですね……。

英語で質問をされると、考えている間ずっと黙ってしまう方がたまにいます。日本語だと「え〜っと……」とか「ん〜……」とか言うんですが、英語になると黙ってしまう方が多いです。“Let’s see.” と言って、沈黙をなくしましょう！

A.
048
答えは……

付き合っている人いますか？

直訳すると「誰か見えてますか？」とちょっと怖い質問になりますが、実際はボーイフレンドやガールフレンドがいるかどうかを聞く時に使います。この表現を使うポイントとしては、会話で結婚などの話題になった際に使うことです。突然、何の前触れもなくこの表現を使うと、気があるのかなと思われる可能性があります。なので、使う時はあくまでも会話の流れに乗って自然にお願いします！

Q.
049
今日の一言は

動画No.414

I have Fridays off.

これはどうういう意味でしょう?

Q.
050
今日の一言は

動画No.415

Wednesday is not a good day for me.

これはどうういう意味でしょう?

A.
049
答えは……

（毎週）金曜日は休みです。

曜日に“s” がつく場合は「毎週」「ほぼ毎週」という意味になります。たとえば、「I usually stay home on Sundays.＝日曜日はほぼ毎週、家にいます」
「毎週○曜日」という場合は必ず“s”をつけてください！

A.
050
答えは……

水曜日は都合が悪いです。

ご友人と会う約束をする際や、英語のレッスンを予約する際などに使えます！

Column 1

座学は勉強の50%でしかない

突然ですが、あなたはどのように英語を勉強していますか？

私は英会話スクールでのレッスン以外に、東京や地方都市に出向いて単発の英語講座も開催しています。その講座の後によく聞かれることがあります。それは、

「おすすめの本か教材を教えてください」

「え？ 今の講座で習ったことをあとは実践すればいいのに、また本や教材で勉強するの？」と一瞬焦ります。私の講座は一回完結型の講座で、後は実践すればいいだけ、すぐにでも英語を実践できるレベルまで一日か二日で英語力を上げていただきます。

それにもかかわらず、毎回のように数名の方におすすめの教材を聞かれます。

私は長い間、この現象は一体なんなんだろう？ と思っていました。なぜ英語の勉強法をすべて教えた講座の直後におすすめの本や教材を聞くのかって。

そして、やっとその答えがわかりました。

みなさん、「座学」したいんですよね。もう英語を実践できるレベルまでいっているのにもかかわらず、英語を話すよりも、まだ座学がしたいのです。

Column 1

座学はもちろん大切です。しかし、座学はどこまで行ったって学習の50%でしかありません。

自動車教習所を思い浮かべてください。どの教習所も「学科」と「技能（運転練習）」があります。どちらか一つだけでは卒業できません。学科と技能は必ずセットになっています。

英語学習についても同じことが言えます。

自動車教習所で、学科を３倍やるので技能は免除してください、と言っても相手にされませんよね。学科をどんなにやっても、半分でしかありません。

英語も、いくら座学をしても、練習がなければ学習は成立しません。座学をどんなにやったって、学習の50%を超えることはありません。

夏目漱石の『三四郎』をご存じですか？　読まれた方も多いと思います。では読まれた方に質問です。三四郎は本の中で何人の女性にふられるでしょう？

本の内容を思い出しながら考えてみてください。覚えていませんよね。読んでいる方も、過去１カ月以内に読んだ人以外は覚えていないと思います。

これが座学の限界です。

歳をとって、記憶力が悪くなった、英語が覚えられなくなったと言う人がいますが、問題は歳ではなく、勉強法です。座学をやっているから覚えていられないのです。

三四郎がいったい何人の女性にふられたか。正直なところ、僕も知りません。そもそもそういう話かどうかすら覚えていません！

どうですか?!　これが座学の怖さです！　覚えているのはタイトルと著者だけ。内容の記憶は超あいまい。あらすじどころか、どういう系統の話かさえ思い出せない。

わかっていただけました？　英語が覚えられない根本的な理由は、本の中身でも、教材の質でも、ましてや歳やあなたの脳みそのせいでもなく、勉強法が結局のところ、百歩譲っても「座学」の域を１ミリも出ていないからなのです。あなたは勉強をそもそも半分、50％しかやっていなかったというだけなんです。

どうですか？ 清々しくないですか。今まで散々勉強しても、散々だった理由がわかって。

では勉強、学習の残りの半分の話をしましょう。

「座学」は学習の50％。では残りの50％は何か。「経験」です。

Column 1

経験は強いです。三四郎が何人の女性にふられたかは覚えていませんよね。三四郎が女性にふられるという話だったかどうかすら覚えていない。でも、あなたが今までにふられた女性や男性の数、いや名前（！）はほとんど出てきますよね。ほらほら。嫌というほど、勝手に名前が思い浮かびますよね。

誤解がないように言わせてください。「座学」の反対が「経験」あるいは「経験学習」なのではありません。「座学」と「経験学習」は表裏一体、1セットです。夏目漱石が夏目漱でも石でもなく、夏目漱石であるように。

あなたの「経験学習」はいつ始まるでしょう？ この本を読み終わった頃に「経験学習」への最初の一歩を踏み出していただけると嬉しいです。

動画No.416

Q.
051
今日の一言は

What party?

これはどういう意味でしょう?

動画No.417

Q.
052
今日の一言は

Maybe some other time.

これはどういう意味でしょう?

A.
051
答えは……

パーティーって何のこと？

友だちと話していて「イムランのパーティー行くの？」と聞かれて、そのパーティーについて聞いていない時などに使えます。覚えておきましょう！

A.
052
答えは……

また今度ね。
また今度にしましょう。

誰かに食事や飲みに誘われて、ちょっと気分が乗らない時や別に用事がある時に使えます。「今度」も本当は避けたいという場合にもこの表現を使います。覚えておいてください！

動画No.418

Q.

053

今日の一言は

I just got back from Okayama.

これはどういう意味でしょう?

動画No.419

Q.

054

今日の一言は

Matchan is funny.

これはどういう意味でしょう?

A.
053
答えは……

ちょうど、岡山から戻りました。

あるいは「たった今、岡山から戻りました」「岡山から戻ったところです」。justは頻繁に使うので、この3つのニュアンスを覚えてください。「ちょうど」「たった今」「○○したところ」の3つです。「3つもあるなんて英語は難しい」と思う方がいますが、ちょっと違います。日本語だと3つもあるのに、英語だと1つだけです。日本語のほうが3倍難しいだけです。英語は実は日本語よりもはるかに簡単です！

A.
054
答えは……

まっちゃんは面白い。

funnyとfunをどちらでもいいみたいな感じで使う方がいますが、まったく違う意味の単語です。funnyは「笑える」意味の「面白い」です。しっかりと使い分けましょう！

動画No.420

Q.
055
今日の一言は

Tom Cruise is one of my favorite actors.

これはどういう意味でしょう?

動画No.421

Q.
056
今日の一言は

There is no such thing as a free lunch.

格言みたいなものです。日本語でも同じようなのがありますよね?

A.
055
答えは……

トム・クルーズは
好きな俳優の一人です。

「○○の一人」や「○○のうちの一人」というのはけっこう使いますが、知ってそうで、なかなか出てこない英語表現の一つです。ぜひ覚えてください！

A.
056
答えは……

タダほど高いものはない。

直訳すると、「タダのランチなんてものはない」という意味になります。free lunchのお誘いには気をつけてください！

Q.
057
今日の一言は

動画No.422

Could you correct my English?

これはどういう意味でしょう?

Q.
058
今日の一言は

動画No.423

You're very talented.

これはどういう意味でしょう?

A.
057
答えは……

私の英語を直してもらえますか?
私の英語を添削してもらえますか?

英会話スクールに通っている方なら、とても重要な表現です。話している時の間違いを直してもらったり、自分で書いてみたものを直してもらったりする時に使えますよ。英会話の先生は生徒さんに慣れてくると、直す量が減ることがあります。「もう少し直してもらいたいな」と思ったら、使ってください！

A.
058
答えは……

才能あるね。
上手だね。

ただ上手な場合よりも、才能が垣間見える時に使ってください。僕も言われたいです。

Q.

059

今日の一言は

動画No.424

You're right.

色々な意味があるので、どれを答えてもいいです!

Q.

060

今日の一言は

動画No.425

I had a blast.

これはどういう意味でしょう?

A.
059
答えは……

そういえば、そうだよね。君の言う通りだよ。君は正しい。

直訳すると「君（あなた）は正しい」ですが、「そういえば、そうだよね」や「君の言う通りだよ」という、より使いそうな日本語とセットで覚えてください。

A.
060
答えは……

超楽しかった。最高だった。

スラングとまではいかないですが、くだけた表現です。すごく仲の良い、親しい友だちと話す時は使ってみてください！

Q.
061
今日の一言は

動画No.426

How are you holding up?

これはどういう意味でしょう?

Q.
062
今日の一言は

動画No.427

I'm thinking of moving to Osaka.

これはどういう意味でしょう?

A.
061
答えは……

元気でやってる？

この表現は相手にとって、大変なことがあった後によく聞きます。たとえば、仕事でミスをして、部長にこっぴどく叱られた次の日とかに、「大丈夫？」と声をかけるような感じですね。または忙しいプロジェクトにアサインされて、連日徹夜の友だちに対しても使えます。

A.
062
答えは……

大阪に引っ越そうと思ってます。

「○○しようと思っています」と言いたい時はこの形を使います。最後の“moving to Osaka” の部分を変えれば、何でも言えます。「I'm thinking of studying English.＝英語の勉強をしようと思ってるんです」ドンドン文章を作ってみてください！

Q.
063
今日の一言は

動画No.428

I moved in yesterday.

これはどういう意味でしょう? 前回からのmoveつながりです!

Q.
064
今日の一言は

動画No.429

I study English every single day.

これはどういう意味でしょう?

A.
063
答えは……

昨日引っ越しました。

「昨日引っ越してきました」でもOK。moveだけだと「引っ越す」です。“move in” は新しいところに「入る」、つまり「住み始める」という意味で使います。そして “move out” は引っ越して退去する意味で「家を出る」という時に使います。この３つを使い分けてください！

A.
064
答えは……

毎日（一日も欠かさず）英語を勉強しています。

every dayでもいいのですが、every single dayにすると強調になります。日本語で言う、「一日も欠かさず」というニュアンスになります。「一日も欠かさず毎日」と強調したい時にはこの言い方を使ってください！

動画No.430

Q.
065
今日の一言は

See you later, alligator.

これは日本語で言うと、どういう意味でしょう?

動画No.431

Q.
066
今日の一言は

Not so much.

思いつく方は、何でもいいので、シチュエーションも考えてください!

A.
065
答えは……

バイバイキーン！

「バイバイキーン！」「バイなら」この表現がなぜ少しおちゃらけているかと言うと、laterとalligatorが韻を踏んでいるからです。ダジャレとまではいきませんが、近いものがあります。“Bye.”の代わりにこの表現をたまに使ってみてください！

A.
066
答えは……

そんなには。

友だちに「うに好き？」と聞かれて、あまり好きではない場合にこの表現、“Not so much.”を使います。「そんなには」と言いたい時に使います。「おなかすいた？」と聞かれて、あまりすいていない場合にも使えます。

動画No.432

Q.
067
今日の一言は

Oh, really. I didn’t know that.

一言ではないのですが、覚えましょう!

動画No.433

Q.
068
今日の一言は

Aren’t you sleepy?

これはどういう意味でしょう?

A.
067
答えは……

へえ、そうなんだ。
知らなかった。

「へえ」と言う時に“Oh, really.”だけで終わってしまう方がいるので、この表現みたいにもう一文入れてください！ そうすると、一気に会話っぽくなります。

A.
068
答えは……

眠いんじゃないの？

前の晩に徹夜した友人や同僚などに使えます。“Aren't you”の後に形容詞を入れれば、「○○なんじゃないの？」という文章が何でも作れます。「Aren't you tired?＝疲れてるんじゃないの？」「Aren't you hungry?＝おなかすいてるんじゃない？」ドンドン質問を考えて、いつでも聞けるようにしておいてください！

動画No.434

Q.
069
今日の一言は

You don’t smoke, right?

これはどういう意味でしょう?

動画No.435

Q.
070
今日の一言は

How do I look?

これはどういう意味でしょう? がんばって考えてください!

A.
069
答えは……

タバコ吸わないんですよね？

“right?” が入ると、「ですよね？」というニュアンスになります。肯定文にそのままrightを付けるだけなので、難しくないと思います。この表現は確認をするためによく使うので覚えておいてください！

A.
070
答えは……

どう、似合う？

試着後や新しい服を着た時に使えます。髪型を変えた場合にも使えます。
こういった質問は自分から話を振るためにはもってこいです。質問を覚えて、自分から会話を振れるようになりましょう！

動画No.436

Q.
071
今日の一言は

Look who's talking.

これはどういう意味でしょう?

動画No.437

Q.
072
今日の一言は

Make a wish.

これはどういう意味で、どういう時に使うでしょう?

A.
071
答えは……

よく言うよ。君の口からそんなことが出るなんて。

使う機会はそれほど多くはないかもしれませんが、誰でも知っている表現なので、知っておきましょう！ たとえば、いつも遅刻する人が遅刻は良くないと友人を諭している時などに使えます。

A.
072
答えは……

願いごとをして。

誕生日ケーキのロウソクの火を消す時によく使います。これも外国人の友人のバースデーパーティーに呼ばれた時限定の表現です。一度機会を逃すと次がいつかわかりません。必ず使ってください！

動画No.438

Q.
073
今日の一言は

I hope not.

これはどういう意味でしょう?

動画No.439

Q.
074
今日の一言は

I have a dream...

これは誰の言葉でしょう? 英語で答えてください!

A.
073
答えは……

そうじゃないことを祈るよ。
まさか、それはないでしょう。

前者のほうが直訳に近く、後者のほうが意訳っぽい感じです。たとえば、３人ですごく大事な用事で待ち合わせをしていて、一人来ていないとします。そして一人が、「まさか、寝てるってことないよね？」と言ったら、もう一人が、“I hope not.” と言えます。

A.
074
答えは……

Martin Luther King Jr.
（キング牧師）

牧師は英語で一般的にpastorと言います。 それ以外にも呼称としてreverendという言い方もありますが、詳細は省かせてもらいます。神父はpriestと言います。priestはカトリック、pastorはプロテスタントです。Martin Luther King Jr. の「私には夢がある…」というあのスピーチ動画やスクリプトはインターネットで見つけられます！

Q.
075
今日の一言は

動画No.440

It’s no big deal.

これはどういう意味でしょう?

Q.
076
今日の一言は

動画No.441

That’s a shame.

これはどういう意味でしょう?

A.
075
答えは……

大したことないよ。朝飯前だよ。

"It's not a big deal." という言い方もします。特に意味の違いはないので、交互に使ってみてください。

A.
076
答えは……

それは残念です。

shameという言葉を使っていますが、「恥」には特に関係ありません。"That's too bad." の代わりによく使うので、あなたも使ってみてください。

動画No.442

Q.
077
今日の一言は

I got it right!

これはどういう意味でしょう?

動画No.443

Q.
078
今日の一言は

That’s one of my favorite movies!

これはどういう意味でしょう?

A.
077
答えは……

当たった！
正解だった！

この本を読んでいて、答えが当たった時に声に出して言ってください。電車に乗っている場合などは、心の中でこの表現を叫んでください！

A.
078
答えは……

私、その映画好きなんです！

直訳すると「それは私の好きな映画の一つです！」です。普通に会話をしていると、上の解答例のほうがよく使うと思います。こう言いたい時はこの表現を使ってください！

Q.
079
今日の一言は

動画No.444

Please call me Billy.

これはどういう意味でしょう?

Q.
080
今日の一言は

動画No.445

Did you call last night?

これはどういう意味でしょう?

A.
079
答えは……

ビリーって呼んでください。

あなたはニックネームやイングリッシュネームをお持ちですか？お持ちなら、初対面の外国人にこの表現を使ってそれを伝えてもいいですね。もちろん、本名でも大丈夫です！

A.
080
答えは……

昨日（○○に）電話した？
昨日電話くれた？

この表現だと、call の後に him や me がないので、シチュエーションによって前者の表現だったり、後者の表現だったりします。himやmeを使うのであればcallとlastの間に入れてください。

Q.
081
今日の一言は

動画No.446

I'm just a phone call away.

これはどういう意味でしょう?

Q.
082
今日の一言は

動画No.447

It was a day trip.

これはどういう意味でしょう?

A.
081
答えは……

電話一本で連絡とれますからね。

この表現は「Feel free to call me anytime.＝何かあればご遠慮なくご連絡ください」と言った後につけて言う表現です。直訳すると、「たったの電話一本離れているだけですよ」です。ちなみに最近は「I'm just an e-mail away.＝Eメールひとつで連絡がとれる距離にいます」と言ったりもします。僕もあなたにとっては "just an e-mail away" ですね！

A.
082
答えは……

日帰りでした。

旅行や出張に日帰りで行った場合に使えます。日帰り出張が多い方は頻繁に使えます。スキーやスノボに日帰りで行った場合も使えますね。

動画No.448

Q.
083
今日の一言は

I really like him.

これはどういう意味でしょう?

動画No.449

Q.
084
今日の一言は

It serves him right.

これはどういう時に使う表現でしょう?

A.
083
答えは……

彼のこと、すごく好きです。
彼のことをとても気に入っています。

「彼は本当にいいやつです」でもOK。この表現は普通に「好き」という意味のほかに、「気に入っている」「好感を持っている」という意味でも使います。likeは恋愛感情を表す時にも使いますが、たとえば男性の上司が男性の部下のことを“I really like him.”と言った場合、二つ目の「気に入っている」「好感を持っている」という意味になります。

A.
084
答えは……

自業自得だよ。
身から出たさびだよ。
そうなって当然。

これは言われたくないですね！ こういうことを言われないように、今後も誠心誠意がんばっていきます！

動画No.450

Q.

085

今日の一言は

I don’t feel like studying today.

これはどういう意味でしょう?

動画No.451

Q.

086

今日の一言は

Feel free to drop by.

これはどういう意味でしょう?

A.
085
答えは……

今日は勉強する気にならない。
今日は勉強したくない。

“I don’t feel like _____ing today.” で「今日は○○する気にならない」という意味になります。下線のところに動詞を入れれば、色々な文章が作れます。「I don’t feel like staying home.＝家にいる気にならない」など。あなたの今の気分にぴったりの文章を考えてみてください！

A.
086
答えは……

気軽に寄ってね。
気軽に寄っていってね。

“feel free to ＋動詞.” で色々な文が作れます。たとえば、「Feel free to call me.＝気軽に（いつでも）電話して」「Feel free to look around.＝気軽に（てきとうに）見て回って」。
drop byは「寄る」という意味で使います。たとえば、「Can I drop by?＝ちょっと寄ってもいい？」。今回は覚えるものが多いですが、よく使うものばかりなので、何度も読んで覚えましょう！

動画No.452

Q.
087
今日の一言は

Better late than never.

間違えてもかまわないので、答えを決めてください!

動画No.453

Q.
088
今日の一言は

Isn't that something?

これはどういう意味でしょう?

A.
087
答えは……

遅いほうが、やらないよりまだましだよ。

この表現は何かの〆切が過ぎてしまってから提出する時などに受け手側が使う言葉です。〆切が過ぎて大惨事になった場合は言えませんが、大抵の場合は慰めとして言ったりします。あなたが英語のレッスンに遅刻して、「遅れてすいません！」と言った時に先生が言ってくれるかもしれません。

A.
088
答えは……

すごくない？それってすごくない？

この場合のsomethingはただの「何か」ではなく、「何かすごいもの＝something great」というイメージで覚えておいてください。“something great”の“great”が省略されていると思えば理解しやすいですよね。

動画No.454

Q.
089
今日の一言は

I had to kill time at Starbucks.

これはどういう意味でしょう?

動画No.455

Q.
090
今日の一言は

Thanks for your time.

これはどういう意味でしょう?

A.
089
答えは……

スタバで時間をつぶさなきゃいけなかった。

「スタバで時間をつぶすはめになった」でもOK。“had to”は「しなきゃいけなかった」という意味ですが、状況によっては「はめになった」という感じでも使います。こういった微妙なニュアンスは日本語の説明があるとわかりやすいですよね。この本でこういったニュアンスを教えますので、英語の理解を加速させてください！

A.
090
答えは……

時間をとってくれてありがとう。貴重なお時間、ありがとうございました。

「忙しいのにありがとう（ございました）」と言いたい時に、堅いシチュエーションでも、フレンドリーなシチュエーションでも使えます。上司やお友だちに相談に乗ってもらった時には使ってみてください！

動画No.456

Q.
091
今日の一言は

Thanks to you, I really enjoy studying English.

これはどういう意味でしょう?

動画No.457

Q.
092
今日の一言は

Sweet dreams.

これはどういう意味でしょう?

A.
091
答えは……

おかげさまで、英語の勉強を楽しめています。

「あなたのおかげで、英語の勉強を楽しむことができています」でもOK。Thanks to youは直訳すると、「あなたのおかげで」ですが、「おかげさまで」としても使うので、両方の使い方を覚えておいてください！スクールに通っている方は、ぜひ次回のレッスンで先生に言ってあげてください。喜びますよ！

A.
092
答えは……

いい夢見てね。おやすみ。

直訳すると「いい夢見てね」ですが、「おやすみ＝Good night.」とセットだと思ってください。

Q.
093
今日の一言は

動画No.458

Could you gift wrap this, please?

これはどういう意味でしょう?

Q.
094
今日の一言は

動画No.459

It made me think about a lot of things.

これはどういう意味でしょう?

A.
093
答えは……

プレゼント用でお願いします。

海外でおみやげを買う際に、もしラッピングをお願いする場合はこの表現を使ってください。

A.
094
答えは……

色々と考えさせられた。

考えさせられる映画やドキュメンタリーを観たら、使える表現ですね。この表現のバリエーションで、“It got me thinking.” というのもあります。仲のいい友人などと話す時に使えるカジュアルな表現です。使ってみてください！

動画No.460

Q.
095
今日の一言は

I like to finish things ahead of time.

これはどういう意味でしょう?

動画No.461

Q.
096
今日の一言は

What an airhead!

airheadは俗語ですが、どういう意味でしょう?

A.
095
答えは……

私は物事を早めに終わらせるのが好きです。

“ahead of time” というのは、時間（〆切）よりも先にとか、早くという意味です。あなたはそういうタイプですか？ それともギリギリまで待つタイプですか？
後者の場合は、「I wait till the last minute.＝ギリギリまで待ちます」と言います！

A.
096
答えは……

なんて頭空っぽな人なんだ！

英語の “airhead” は日本語で言う「天然」ではなく本格的にバカな人を指すので、「○○さんって天然ですよね」という感じでは使わないでください！

動画No.462

Q.
097
今日の一言は

Who's the lucky man?

英語の決まり文句ですが、これはどういう意味でしょう?

動画No.463

Q.
098
今日の一言は

Never been better.

これはどういう意味でしょう?

A.
097
答えは……

君と結婚する幸せ者は誰？

ちょっと不自然な日本語になりましたが、この表現は結婚相手を聞く時によく使います。「誰と結婚するの？」とストレートに聞いてもいいのですが、この表現のほうがよく使うので、こちらを覚えてください。

A.
098
答えは……

最高です。

「今までにないくらいいいです」。これは挨拶の時に使う表現です。"How are you?" や "How are you doing?"、"How's it going?" と聞かれて、同じ答え方ばかりだと味気ないですよね。この表現を覚えておくと、返事のバリエーションができます！

Q.
099
今日の一言は

動画No.464

I love talking to strangers.

これはどういう意味でしょう？　今日のポイントはloveです！

Q.
100
今日の一言は

動画No.465

I got home early.

これはどういう意味でしょう？

A.
099
答えは……

知らない人（初対面の人）と話すのが大好きなんです。

今回のポイントは love です。loveは「愛」ですが、使い方としては「大好き」です。なので、“I love natto.” は「納豆を愛している」ではなく、「納豆が大好きです」です。“I love ○○.” と言うと、「そんなにですか?!」と言われることがあるので、出題しました。あなたはどんな食べ物が大好きですか？　教えてください！

A.
100
答えは……

早く家に着いた。

今回のポイントはgotです。「着く・着いた」は英語だとget/gotを使います！ arriveは「到着する」という使い方をしますので、遠くから電車やバス、飛行機で来る際に使います。

Column 2

どうすれば、習った英語が自分のものになるのか?

前回のコラムでは、学習は「座学」＋「経験学習」のセットです、というお話をしました。

あなたももう、英語の「座学」はかなりやっていると思います。中高で6年間やりました。それ以降もやっているかもしれません。英語を独学で学ばれている方は「座学」をたくさんやっていらっしゃいます。

次はいよいよ「経験学習」を取り入れるタイミングです。

そう言うと、「いや、先生、もう少し勉強します。もう少し英語がわかるようになってから、その『経験学習』とやらに移っていきたいと思います」と決まって言われます。

気持ちはわかります。でも、前回も言いましたが、「座学」と「経験学習」は表裏一体です。「座学」があるから、「経験学習」が活きてくるし、「経験学習」があるから「座学」が活きてくるんです。

たとえて言うならティッシュです。ティッシュって、基本的に2枚が1枚のセットになってますよね。それをひっぺがして、薄い1枚のティッシュで勢いよく鼻をかんだらどうなりますか？

そう、大惨事です。

トイレットペーパーだったら……その例はやめておきましょう。

Column 2

僕たちの生きる3次元の世界に存在するものは、なんでも表裏一体です。たとえば、手。表だけってありえないですよね？手のひらはあるけど、手の甲はない、なんてありえません。手の甲だけで存在できません。
学習も同様で「座学」と「経験学習」は表裏一体で、どちらか一方だけだと存在しないに等しいのです。

つまり、「座学」だけしていると、その「座学」さえ活きてこないし、活かされないのです。「経験学習」を取り入れることによって、初めて「座学」が活きます。

じゃあ、「経験学習」は具体的に何かというと、「英語を使うこと、習った英語を使うこと、できるだけ話すこと」だと思っていらっしゃる方が多いと思います。そうではありません。ただ英語を使えばいいというものではありません。「英語を使う、話す」は「経験学習」の一部でしかありません。
「英語を使う」のはあくまでも方法です。「経験学習」の本当の意義は、「自分の英語を試してみる」＋「自分の英語を修正する」。そして、この二つを通して「英語を自分のものにする」ことにあります。

英語を使うことをためらう方が大変多いです。使う前にもっと勉強して、英語を身につけてから英語を使いますと、みなさん、そうおっしゃいます。
　気持ちはわかります。本当によくわかります。この12年間、毎日のように聞いていますから。

　でも本当に「英語を自分のものにする」には「自分の英語を試してみる」「自分の英語を修正する」というプロセスを踏まないといけません。
「座学」の延長に「英語を自分のものにする」というゴールがあるわけではありません。
　英語は「経験学習」を通して、自分のものになるのです。

　座っているだけではマラソンでゴールできないのと一緒で、英語も机に座っているだけではゴールできません。

　そろそろ、重い腰を上げて次のステージに行きましょう。そして今までの「座学」の成果を次のステージで役立てましょう。
　あなたが今まで走ってきた英語学習マラソン、長かったですよね。そしてこの先も長い。気が遠くなるぐらい長い。そう思っているでしょう。
　でも本当はもう折り返し地点です。言ったでしょ、「座学」は英語学習の50%だって。あなたはもう半分をやっているんです

Column 2

よ。あとはもう半分をやればいいだけ。

ここまで来ることができたんだから、残り半分行っちゃいましょう！ 今まで一生懸命やってきた「座学」を「経験学習」で活かしましょう。折り返し地点で座っている場合ではありません！ 立ち上がって進みましょう。

座っている分だけ時間がもったいない。今すぐ立ち上がって次のステージに進んでください。

Q.
101
今日の一言は

動画No.466

Make yourself at home.

これはどういう意味でしょう?

Q.
102
今日の一言は

動画No.467

Home is where you make it.

これはどういう意味でしょう?

A.
101
答えは……

（我が家のように）どうぞ、くつろいでください。

友人を家に呼んだ時などに使えます。外国人の友だちがいる方は使えますね。外国人の友だちがまだいない方は、できた時のためにこの表現を覚えておいてください！

A.
102
答えは……

住めば都。

直訳すると、「ここが私の居場所だ！ と思ったところが自分にとってのhomeだ」となります。住めば都とはニュアンスがちょっと違いますが、一番近い表現なので覚えておいてください！

Q.
103
今日の一言は

動画No.468

I think I can make it back by 7pm.

これはどういう意味でしょう? 今日のポイントはmake it です!

Q.
104
今日の一言は

動画No.469

I'm working on a book.

これはどういう意味でしょう?

A.
103
答えは……

7時までには戻れると思います。

今回のポイントの “make it” は「達成する」というようなニュアンスがありますが、大抵「時間」について話す時に使います。
たとえば、「I can't make it by 7pm.＝7時には行けない（着けない）」
時間がついていないと、「I can't make it to the party this weekend.＝今週のパーティーには行けません」
けっこう使う表現なので覚えておいてください！

A.
104
答えは……

今、本を執筆中です。

working on ○○というのは、何かの作業をしていることを言う時に使います。たとえば、“I'm working on the report.” だと、「今、レポートをやっています（とりかかっています）」というような感じになります。
「working on＝○○中」というふうに覚えておいてください。

Q.
105
今日の一言は

動画No.470

Watch your step.

これはどういう意味でしょう?

Q.
106
今日の一言は

動画No.471

I think I'm improving little by little.

今回のポイントはimproveとlittle by littleです!

A.
105
答えは……

足元、気をつけて。

watchはよく、「『見る』というよりも『観る』ですよ」という説明がされますが、この表現の場合は当てはまらないので気をつけましょう！ 似たような表現で“Watch your head.”というのもあります。これは「頭、気をつけてください」という意味です。「観る」ではありませんね。

A.
106
答えは……

少しずつ上達していると思います。

「たぶん、少しずつ上達しています」でもOK。I thinkは「思います」と訳されますが、日本語の「たぶん」という意味で使うこともあります。improveは「上達する」ですね。スクールに通っている方は絶対に覚えておいてください！ little by littleは「少しずつ」という意味で使います。単語力をつければこういう文章が作れるようになります。覚えるだけではなく、色々と組み合わせて文章を作ってみてください！

動画No.472

Q.
107
今日の一言は

Why don't you just call him?

ちょっと難しいのですが、がんばって答えてください!

動画No.473

Q.
108
今日の一言は

When I was small, I wanted to be a soccer player.

これはどういう意味でしょう?

A.
107
答えは……

電話しちゃえば？
いいから電話すれば？

“Why don’t you...” は基本的に「○○すれば？」という意味。「Why don’t you come with us?＝一緒に来れば？」。「なんで○○じゃないの？」という意味でも使え、その時は「Why don’t you like natto?＝なんで納豆好きじゃないの？」。どちらの意味で聞かれているかは文脈でわかります。このjustは「つべこべ言わずに、いいから、とりあえず」という時の「いいから」「とりあえず」です。これが使えるようになったら上級者です！

A.
108
答えは……

小さい頃はサッカー選手に
なることが夢でした。

今日のポイントは二つ。“When I was small” と「夢」です。「小さい頃」と言うのはいくつか言い方がありますが、これが最も一般的な言い方です。
そして、日本語だと「○○になるのが夢だった」という言い方をしますが、英語ではdreamは使いません。あなたは小さい頃は何になりたかったですか？ 後半部分を変えて文章を作ってみましょう！

動画No.474

Q.
109
今日の一言は

I don't want to miss the game tonight.

これはどういう意味でしょう?

動画No.475

Q.
110
今日の一言は

I had a lot of fun today.

これはどういう意味でしょう?

A. 109 答えは……

今夜の試合は見逃したくない。今夜の試合は逃したくない。

今日のポイントはmissです。missは「逃す」「見逃す」というような意味で使います。テレビ番組を見逃すという時にも使いますが、「終電を逃した＝I missed the last train.」というふうにも使います。

A. 110 答えは……

今日はとても楽しかったです！

英会話のレッスンが楽しかった場合は、レッスンの最後にこの表現を使ってください。女性はデートの終わりなどにも使えますね！ 使ったら報告してください！

Q.
111
今日の一言は

動画No.476

What are you going to wish for Tanabata?

これはどういう意味でしょう?

Q.
112
今日の一言は

動画No.477

He is a Diet member.

これはどういう意味でしょう?

A. 111
答えは……

七夕には何をお願いするの？

この表現は七夕の前にしか使えない表現です。七夕前になったらぜひご友人や英会話スクールの先生に聞いてください。

A. 112
答えは……

彼は国会議員です。

Dietは大文字だと国会です。ダイエットしている一員ではありません。こういう単語は知らないと高い確率で勘違いしてしまうので、少しずつ覚えていきましょう！ 僕が教えるので、少しずつ覚えてください！

Q.

113

今日の一言は

動画No.478

I won't take no for an answer.

これはどういう意味でしょう?

Q.

114

今日の一言は

動画No.479

How do you like your new job?

これはどういう意味でしょう?

A.
113
答えは……

首を縦に振るまで、諦めないよ！嫌とは言わせないよ。

話が盛り上がって、「今度飲みに連れていきますよ！」というような時に使えますね。 僕の英語講座へのご参加も、“I won't take no for an answer!”

A.
114
答えは……

新しい仕事どうですか？

“How do you like...?” は頻繁に使う質問の形です。“Do you like...?” だと、「好きですか？」になるので、答えは “Yes.” や “No.” でよくなります。“How...?” の場合は「どうですか？」なので、答えるほうはちゃんと答えないといけません。この本をお読みのあなたはぜひ “How...?” の質問の形で色々と聞いてみてください。その後は簡単な答えではなく、会話になります。

Q.
115
今日の一言は

動画No.480

He's not an average Joe.

これはどういう意味でしょう?

Q.
116
今日の一言は

動画No.481

I'll do it anyway.

今日のポイントはanywayです。

A.
115
答えは……

彼はどこにでもいるような平凡なやつじゃない。

“average Joe” は意味としては「平均的なアメリカ人」という感じです。女性の場合は “average Jane”（あまり聞きませんが……）です。以前、Joeという友だちが、「この表現、なんかやだな」と言っていました。

A.
116
答えは……

いずれにせよ、やっちゃいます。

anywayは「いずれにせよ」という使い方をします。今回の表現の場合だと、たとえば今から作る書類が必要かどうかまだわからないけど、「いずれにせよ、作っておきます」という感じで使います。

Q.
117
今日の一言は

動画No.482

That's good to know.

これはどういう意味でしょう?

Q.
118
今日の一言は

動画No.483

How did you study Japanese?

これはどういう意味でしょう?

A.
117
答えは……

それはよかった。
それはよかったですね。
それを聞いて安心しました。

たとえば、ずっと連絡が取れなかった友人が元気だと教えてくれた人に使います。覚えておいてください！

A.
118
答えは……

どうやって日本語を勉強したんですか？

たまに日本滞在期間が短いのに日本語がうまい外国人っていますよね。そういう人がいたら、言ってみてください！
今日のポイントは“How did you＋動詞?”です。「どうやって○○したんですか？」は全部この言い方になるので、覚えてしまってください！
たとえば、「How did you come here?＝どうやって来たんですか？」という感じです！

動画No.484

Q.
119
今日の一言は

Do you believe in aliens?

これはどういう意味でしょう?

動画No.485

Q.
120
今日の一言は

I’m positive.

答えを見る前に考えてみてください!

A.
119
答えは……

エイリアンっていると思いますか?
エイリアンって信じてますか?

いるかいないかわからないものに対してはこの表現を使って聞きます。たとえば、“Do you believe in ghosts（おばけ）?”とか、“Do you believe in God（神様）?”とか。あなたはどうですか？ Do you believe in aliens?

A.
120
答えは……

絶対そうです。確かです。
間違いありません。

positiveには日本語の「ポジティブ」以外に、「確か」「絶対」という意味もあります。今回の表現は「私はポジティブです」ではありません。友人と二人でもう一人を待っていて、三人目らしき人が近づいてきたけれどよく見えない、でもあなたは絶対に彼だと思ったとします。友人が「本当にあの人？」と聞いてきたら、あなたは「I'm positive.＝絶対そう」と使えます。“Yes.”の代わりに使ってみてください！

Q.
121
今日の一言は

動画No.486

Let’s not study today.

これはどういう意味でしょう?

Q.
122
今日の一言は

動画No.487

How do you spell ○○?

これはどういう意味でしょう?

A.
121
答えは……

今日は勉強するのやめましょう。今日は勉強するのやめておきましょう。

“Let's not＋動詞” で「○○するのはやめておきましょう」という意味になります。たとえば、“Let's not go out today.” だと「今日は出かけるのをやめておこう」という意味になります。

A.
122
答えは……

○○はどういう綴《つづ》りですか？

スペルを聞きたい時に “What spell?” とか “How's spell?” と聞いてくる方がいますが、頻繁に使える表現なので、しっかりと覚えておきましょう。先生や外国人の友人がわからない言葉を言った時に使ってください！

動画No.488

Q.

123

今日の一言は

Do you have an extra umbrella that I can borrow?

これはどういう意味でしょう?

動画No.489

Q.

124

今日の一言は

I had to come up with something on the spot.

今日のポイントは、come up withとon the spotです。

A.
123
答えは……

余ってる傘があったら、借りてもいいですか？

日本語にするのが難しいですね！　とにかく、借りてもいい傘があるか聞く場合はこれを使ってください。たとえば、友人宅や英会話教室に行き、急に雨が降ってきた時などに使えます。extraは「余っている○○」とか「余分な」という意味です。ピザのextra cheeseの場合は「追加」なんですが、「余分にチーズを入れる」というイメージです。あなたはピザを注文する時、extra cheeseにしますか？

A.
124
答えは……

その場で何か案（など）を思いつかなければいけなかった。

“come up with” というのは、アイデアなどを「思いつく」「考え出す」という意味で使う英語です。「何も思いつかない＝I can't come up with anything.」と言ったりします。on the spotは「その場で」という意味です。その場で言い訳を考えなきゃいけなかったという場合にはこういうふうに言えます。“I had to come up with an excuse on the spot.”

Q.
125
今日の一言は

動画No.490

I had a hard day at work.

これはどういう意味でしょう?

Q.
126
今日の一言は

動画No.491

Do you have time for a cup of coffee?

これはどういう意味でしょう?

A.
125
答えは……

今日は（仕事で）忙しい（疲れる）一日だった。

とにかく仕事が大変だったという時に使います。言う相手がいない方は、こういう日には、一人ぼそっとつぶやいてください！

A.
126
答えは……

コーヒー飲む時間ある？

たとえば、部下と少しお話をして、せっかくだから、コーヒーでも飲みながらもう少し話そうかなとか、英語の講座が終わった後に、もう少し聞きたいことがあるんですけど、いいですか？ というような時に使えます。

動画No.492

Q.
127
今日の一言は

Who moved my cheese?

これはどういう意味でしょう？　または何のことでしょう？

動画No.493

Q.
128
今日の一言は

Did you make a reservation?

これはどういう意味でしょう？

A.
127
答えは……

『チーズはどこへ消えた?』
誰か私のチーズ知らない?
誰が僕のチーズを動かしたの?

ポイントは二つ。一つ目:『チーズはどこへ消えた?』は日本でもベストセラーになり、アメリカだと誰でも知っている本なので、普通に話題に上ることがあります。二つ目:探し物をしている時は “Who moved my ○○?” ではなく、“Did you see my ○○?” か “Do you know where my ○○ is?” と言ってください。実際、“Who moved my TV remote!” とか言われたら、面白いですけどね。

A.
128
答えは……

予約した?

「予約する」は “make a reservation” を使ってください。reserveとそのまま動詞を使おうとする方がいますが、“make a reservation” を使ってください!

Q.
129
今日の一言は

動画No.494

Don't be shy.

これはどういう意味でしょう?

Q.
130
今日の一言は

動画No.495

This is just between you and me.

これはどういう意味でしょう?

A.
129
答えは……

遠慮しなくていいですよ。照れなくていいですよ。恥ずかしがらなくていいです。

shyは「恥ずかしがりや」という意味でよく使いますが、遠慮や照れを指す時にも使います。あなたもshyにならずにドンドン英語を使ってください！

A.
130
答えは……

これはここだけの話ですよ。

レッスンで何か内緒話を言ってしまった時に使ってください！人が何人かいる場合は、you and meをusに替えてください！

Q.
131
今日の一言は

動画No.496

I'll take that as a yes.

これは一体、どういう意味でしょう?

Q.
132
今日の一言は

動画No.497

Just for you, OK?

これはどういう意味でしょう?

A.
131
答えは……

じゃあ、OKということで。
良いってことでいいですね。

たとえば友人を何かに誘った時に、「嫌というわけじゃないんだけど……」と歯切れが悪い時なんかに使えますね。

A.
132
答えは……

君だから、○○するんだよ。
君の頼みだから、やってあげるんだよ。

たとえば、何かちょっと無理なことや、ちょっと規則破りなことをお願いされて、「君の頼みだから、やってあげるんだよ。本当はダメなんだからね」というニュアンスで使います。“OK?” の部分は、「わかった？」的な表現です。覚えておいてください！

Q.
133
今日の一言は

動画No.498

I had the time of my life.

これはどういう意味でしょう?

Q.
134
今日の一言は

動画No.499

That's something.

これはどういう意味でしょう?

A.
133
答えは……

最高に楽しい時間を過ごしました！

これは本当に楽しいことがあった時に使える表現です。めちゃくちゃ楽しかった！と思ったら使ってください。
最近こういう気持ちになったことはありますか？

A.
134
答えは……

それはすごいですよ。それはすごいですね。

ちょっと前にも似たような表現が出ましたね。覚えてますか？　この表現のsomethingはただの「何か」ではなく、「something great＝すごいこと」のsomethingです。お友だちが何か偉業を成し遂げた時に使えます。使ってください！

動画No.500

Q.
135
今日の一言は

I learned a lot today.

これはどういう意味でしょう?

動画No.501

Q.
136
今日の一言は

By the way,
it was my birthday
last Saturday.

今日のポイントはby the wayです。

A.
135
答えは……

今日はすごく勉強になりました。

直訳すると、「今日はたくさん学びました」となります。英語のレッスンなどで、すごくたくさん色々と学んだ時はこの表現を先生に言ってください！ もちろん、先生に対して “Thank you.” と言ってもいいのですが、この表現のほうが先生も喜ぶと思います。次回のレッスンで使ってください！

A.
136
答えは……

そういえば、先週土曜日、誕生日だったんです。

“by the way” は「ところで」と訳されることが多いのですが、日常会話だと「ところで」以外にも「そういえば」という意味でよく使います。

Q.
137
今日の一言は

動画No.502

Is this yours?

これはどういう意味でしょう?

Q.
138
今日の一言は

動画No.503

I’ve never thought about it.

これはどういう意味でしょう?

A.
137
答えは……

これ、あなたのですか？

忘れ物があった時に使えますね。よく、yoursじゃなくて、yourやyouと言う方がいるので、気をつけましょう。

A.
138
答えは……

(それについて)考えたことなかった。

たとえば、友だちに「自分で会社を始めるとしたら、何がやりたい？」と聞かれて、そういうことを今まで考えたことがない場合に使えます。

動画No.504

Q.

139

今日の一言は

It's freezing today, isn't it?

これはどういう意味でしょう？

動画No.505

Q.

140

今日の一言は

It's a little warmer than yesterday, don't you think?

ちょっと長いですが、考えてみてください！

A.
139
答えは……

今日すごく寒くないですか？
今日めちゃくちゃ寒いですよね？

freezingは「凍りそうなぐらい」「凍えそうなぐらい」という意味です。
裸で外に立っていたら凍えそうな日に使ってください。

A.
140
答えは……

昨日より少し暖かいと
思わない？

前回は “isn't it?” でしたが、今回は “don't you think?” でした。

動画No.506

Q.
141
今日の一言は

Did you get my e-mail?

これはどういう意味でしょう?

動画No.507

Q.
142
今日の一言は

That's not nice.

これはどういう意味で、どんな時に使えるでしょう?

A.
141
答えは……

メール届いた？

友だちにメールを送ってなかなか返信がない時に使ってください。日本語だと「届いた」ですが、英語だと「もらった」となります。英語は単語で覚えようとするより、文章単位で覚えておくと、すぐに出てきます。

A.
142
答えは……

そんなこと言っちゃダメ（失礼）だよ。
そんなことしちゃダメ（失礼）だよ。

誰かが誰かに対して、言ってはいけないようなことを言ったり、ちょっと失礼なことをしたりした時に使えます。まじめな感じでもいいし、少し冗談っぽく言っても大丈夫です。

動画No.508

Q. 143 今日の一言は

I hear you.

これはどういう意味でしょう?

動画No.509

Q. 144 今日の一言は

I'm glad you can make it.

これはどういう意味でしょう?

A.
143
答えは……

言いたいことはわかるよ。なるほどね。

この表現は簡単な単語を使っているわりにかなり高度です！　どういう時に使うのかと言うと、相手の文句や意見を認めるわけではないけど、理解を示す時に使います。たとえばあなたの友人が「日本文化のここがおかしい、間違っている」と言った場合に、肯定はしないけど、そう思うのも理解できるという時に使ったりできます。

A.
144
答えは……

来られることになってよかった。

"I'm glad" は「～よかった」という意味で色々な時制で使えます。たとえば、「I'm glad you came.＝来てくれてありがとう」「I'm glad he didn't come.＝彼が来なくてよかった」など。make itは「行ける」という意味で使うことが多いです。パーティーに誘う場面で、誘っているほうは「Can you make it?＝来られる？」と聞き、答えるほうは "I can make it." または "I can't make it." と答えたりします。

Q.

145

今日の一言は

動画No.510

I hope it doesn't rain.

これはどういう意味でしょう?

Q.

146

今日の一言は

動画No.511

My apartment is really messy.

これはどういう意味でしょう?

A.
145
答えは……

雨が降らないといいんだけど。

I hopeはよく「○○になるといいんだけど」「○○だといいね」というふうに使います。たとえば、“I hope you can come.”だと、「来られるといいんだけど」、“I hope he's all right.”だと「大丈夫だといいね」という意味になります。これでI hopeを使いこなせそうですね！

A.
146
答えは……

うち、本当に散らかってるんです。

My apartment はマンションやアパートの場合、たとえば705号室だったら、705号室全体を指します。たまにmy room と言う人がいますが、これだと705号室の中の一部屋になるので、家の中で自分の部屋だけが散らかっていることになります。messyは部屋が散らかっている時だけではなく、髪がボサボサな時にも使います。“His hair is messy.”

Q.
147
今日の一言は

動画No.512

Can I take a rain check?

これはどういう意味でしょう?

Q.
148
今日の一言は

動画No.513

I'm in my early 30's.

これはどういう意味でしょう?

A.
147
答えは……

今回はパスさせてもらってもいいですか？

英語の慣用句ですが、この表現は海外ドラマや映画を観ているとよく出てきます。知らないと何のことかさっぱりわからない表現です。これでみなさんわかったと思うので、次にドラマや映画で出てきた時にはちゃんとわかりますね！

A.
148
答えは……

私は30代前半です。

earlyと言うと、実際には31、32、33など、最初のほうです。「半ば」だと“mid-30's”です。「後半」だと、“late 30's”になります。

Q.
149
今日の一言は

動画No.514

What's it about?

けっこう使えるので覚えてください！

Q.
150
今日の一言は

動画No.515

Not always.

これはどういう意味でしょう?

A.
149
答えは……

どんな話なんですか？

たとえば、映画を観た人や本を読んだ人に、「その映画（本）はどんな話なんですか？」と聞きたい時に使います。直訳すると、「それは何についての○○なんですか？」という意味になります。○○にはthe movieでもthe bookでも入れられます。the movieにした場合は「What's the movie about＝何についての映画なんですか？」となります。

A.
150
答えは……

いつもというわけじゃない。そうとも限らない。

たとえば友人を食事に連れていったら、そこの食事がすごく気に入ったとします。そして、「いつもこんなにおいしいもの食べてるの？」と聞かれて、「いつもというわけじゃない」と言いたい時に使えます。

Column 3

簡単な英語でも、使っていればもうあなたのものです！

「習った英語を自分のものにする」というのがどういうことかをお話しします。まずはちょっと感動したエピソードをご紹介します。

先日、マンションのエレベーターに乗って4階からB1階に下りようとしていたら、1階で引っ越し屋のお兄さんが乗ってきました。名前はわかりませんが、便宜上、「春曲さん」という名前にしましょう。

エレベーターのドアが開くや否や、春曲さんが、「ゴーイング　ダウン？」とものすごいカタカナ英語で言ってきました。"Yes."と僕が答えると、「オーケー。エクスキューズ　ミー」と言ってエレベーターに乗り込んできました。そしてB1に着くと春曲さんは「アフター　ユー」と言って僕を先に行かせてくれました。

彼のカタカナ英語を聞いて僕はなんと思ったか。

「この人すごい」

何がすごいって、「コミュニケーションへの意志」がはっきりしているんです。「しっかりコミュニケーションをとるぞ」という気持ちが感じられるんです。

簡単な表現ですし、カタカナ発音ではありますが、知ってい

Column 3

る英語を確実に自分のもの、自分の言葉として使っているわけです。彼の英語を聞いて僕が誰を思い出したか。ソニー創立者の盛田昭夫さんです。盛田さんもカタカナ英語だけど、「コミュニケーションへの意志」がものすごくあります。

英語学習者の多くは、確実に知っている表現でも、恐る恐る、「合ってるかな～」みたいな顔と声で言ってきます。

でも、すごくきれいな発音で「合ってるかな～」という態度で英語を言われるより、カタカナ発音で自信を持って言われたほうが、100倍いいです。後者は「もっと話したい！」と思わせます。前者は話していて、なんかこっちが心配になってきます。「大丈夫だよ。もう君には二度と英語で話さないから、そんなに怖がらないで」と思ってしまいます。

“How are you?” に対して “I'm fine.” とか “I'm good.” というとても簡単な返事でさえ、確実に合っているのに、恐る恐るなんですよね。なぜこうなるのかと言うと、日本の英語学習者の根底に根深い「英語コンプレックス」があるからです。英語を話そうとすると、言おうとしていることがどんなに簡単な英語でも「英語コンプレックス」が「こんにちは～」と確実にやってくるのです。

頭ではわかってますよね、“I'm fine.” や “I'm good.” が正しい英語だって。でも、ちゃんと英語っぽく、ネイティブっぽく言うのが恥ずかしい。どう考えても恥ずかしくないんだけど、恥ずかしいんです。

これがみなさんがお持ちの「英語コンプレックス」なんです。

あれと一緒です。奥さんの存在は自分にとって大きいけど、一言「ありがとう」って言えない。旦那さんにも言えない。彼氏、彼女、親友も同様です。親も。

人間はわかっていてもできない生き物なんです。だから、この「英語コンプレックス」ってやつぁ、一筋縄ではいかないんです。

多くの方は、もっと勉強すれば自信を持って英語が話せるようになるはずだ！ と思って、ドンドン勉強します。ドンドン座学をやります。ある程度やってから、ちょっと英語を話そうとすると、またあいつが「こんにちは」するので、やっぱり自信が持てない。よし、もっと勉強するぞ！ と思ってまた座学をします。

こうやって、負のサイクルが際限なく繰り返され、知らないうちに英語コンプレックスがものすごい大きさになってしまうのです。

最近、気がつきました。この英語コンプレックスを崩さないことには、いくら英語を勉強しても、みなさん前に進めないということを。

このコンプレックスがあるから、自信を持って英語が話せない、「習った英語が自分のもの」にならないんだと。いくら勉強してもコンプレックスはなくならない。なぜなら、コンプレッ

Column 3

クスを先に崩さないと正しい勉強（「座学」＋「経験学習」）ができないから。

英語コンプレックスを抱えたままだと、経験学習の大事な要素である「自分の英語を試す」ということができないので、「自分の英語を修正する」こともできずに、学習が進みません。

英語を勉強している方は自分の英語に自信が持てるまで、英語を使おうとしない。でも、使わないと自信が持てない。卵が先かにわとりが先かの話になります。

どちらが先かというのは考えてもらちがあかないので、ここであなたに選択肢を提示します。

「英語がわからないから話さない」というのは、日本国内では通用しますし、日本人の方に言っても通用します。「そうですよね～」と共感されます。しかし、一度海外に出たり、外国人と話すとなると、通用しなくなります。

なぜなら、外国や外国人にとっては、「話さないこと」のほうが「間違えること」よりも何倍も「恥ずかしいこと」なのです。間違えるのが恥ずかしいから話さないというのは、３歳の女の子が恥ずかしがって自分の名前を言わないのと同じような感覚です。３歳の女の子であれば、「かわいい」ということで許せますが、私と同じ36歳のおじさんやお姉さんが恥ずかしがったら、どうでしょう？　中には「かわいい」と思ってもらえる人もいるかもしれませんが、大半はそう思ってもらえません。

あなたはどちらを選びますか？ ３歳？ それとも春曲さん？

Q.

151

今日の一言は

動画No.516

We still have 5 minutes.

これはどういう意味でしょう?

Q.

152

今日の一言は

動画No.517

How much time do we have left?

これはどういう意味でしょう?

A.
151
答えは……

まだ5分あります。

英会話レッスン終了間近に先生が時計を確認しますよね。その時にあと5分ぐらいあると、この表現を言ったりします。先生が時計をチラリと見て、あと5分ある時には使ってください！ 今回のポイントはWeです。日本語的に考えると、「ある」なので、「There is」かなと思う方が多いと思いますが、こういう場合はWe haveを使います。

A.
152
答えは……

あとどれくらい時間ありますか?

この一言もレッスン終了間際で使えますね。少し長い話をしたい時などに、レッスンの残り時間以内に話せるかが微妙な際に使ってください。leftは「残り」という単語ですが、leftoverだとご飯などの「残り物」です。これも使えそうですね。

動画No.518

Q.
153
今日の一言は

I think you need a reservation.

これはどういう意味でしょう?

動画No.519

Q.
154
今日の一言は

Are you going to be OK?

これはどういう意味でしょう?

A.
153
答えは……

予約が必要だと思うよ。たぶん、予約しないとダメだよ。

今日のポイントはI thinkです。I thinkは「思うよ」、「たぶん」という感覚で使います。
「たぶん」という使い方はたとえば、“I think I can get there by 7.”の場合だとわかりやすいですかね。この例文は、「たぶん、7時には行けます」という意味です。

A.
154
答えは……

大丈夫そう？

たとえば友だちが派手に転んで、少し介抱していて、「もう大丈夫そうかな」という時に使えます。精神的な痛みにも使えます。たとえば、何かあって激しく泣いている友だちが少し落ち着いてきたら、使えます。

動画No.520

Q.
155
今日の一言は

I'll do what I can.

これはどういう意味でしょう?

動画No.521

Q.
156
今日の一言は

That's a tough choice.

toughは日本語のタフとは違う使い方もあります。

A.
155
答えは……

できるだけのことはしてみます。やるだけやってみます。

人に何かを頼まれて、ちょっと難しいな～と思った時に使えます。この表現は最近観た映画に出てきました。単語を覚えるのではなく、こういう簡単な表現を覚えると、英語の映画やドラマを観ていてたまに聞こえてくるので、ぜひ覚えておいてください。

A.
156
答えは……

それは難しい選択ですね。

たとえば、サーティワンアイスクリームに行って、チョコミントとミントチョコがあったとします。ダブルではなくシングルしか頼めないとしたら、人によってはどちらにするか難しい選択になるかもしれません。そういう「どっちにするか迷う！」みたいな時に使ってください。あなたは最近tough choiceに迫られたことはありますか？

動画No.522

Q.
157
今日の一言は

Imran is very lenient.

これはどういう意味でしょう?

動画No.523

Q.
158
今日の一言は

It was pretty funny.

これはどういう意味でしょう?

A.
157
答えは……

イムランはすごく厳しくない。

lenientは辞書をひくと「寛大」とありますが、「ゆるい」「厳しくない」のほうが近いです。lenientの反対は「strict＝厳しい」で上司などにも使えますが、lenientは先生について話す時によく使います。先生を「寛大」というよりも「厳しくない」と言いたい時が合っているかもしれません。性格を表す形容詞は、実在する人物に当てはめると覚えやすいので、lenientな人の名前を入れて文章を覚えてください！

A.
158
答えは……

なかなか面白かったよ。
なかなか面白かったです。

prettyは「かわいい」のほか、このように「なかなか」という意味でも使います。そしてIt。よく「ItとThatのどちらを使うべき？」という質問があります。一番わかりやすいのは、自分の話題の時はIt、他人の話題の時はThatを使う。今日の答えは自分の話題ですよね。That's funny.だと相手の話題になります。このルールは文頭のItとThatには大抵当てはまります。文末だと当てはまらないのでご注意を。

Q.
159
今日の一言は

動画No.524

That's quite surprising.

これはどういう意味でしょう?

Q.
160
今日の一言は

動画No.525

I'm really going to study English this year!

深く考えずに自分の答えを決めて下さい!

A.
159
答えは……

けっこうびっくりですね。けっこう意外（驚き）ですね。

微妙な日本語ですが、こんな感じで使ってください。quiteは「けっこう」「まあまあ」「なかなか」と強調で使います。前回のprettyも「なかなか」という強調で使うので、quiteは「まあまあ」「けっこう」で覚えてください。surprisingは「驚き」という意味でも使いますが、「意外」という意味でもよく使います。そして今日はThatで始まる表現です。A.１５８で説明したThatとItの違いは覚えていますか？

A.
160
答えは……

今年は本当に英語の勉強がんばります！

今日のポイントは「がんばる」です。なかなか訳すのが難しいのですが、ほとんどの場合try hardと訳されます。ただ会話でよく使うのは、try hardよりも、今回のreallyだったりします。reallyだけだと「本当に」という意味ですが、力が入っているニュアンスがありますよね。それが「がんばる」という感じで使えます。「がんばってね～」とか「がんばってきま～す」と言う時には使わないので気をつけて！

動画No.526

Q.
161
今日の一言は

Life is tough.

これはどういう意味でしょう?

動画No.527

Q.
162
今日の一言は

I can't thank him enough.

これはどういう意味でしょう?

A.
161
答えは……

人生は厳しい。生きるって大変。

たまにこういうこと思いますよね。そういう時は英語のことを考える余裕はないかもしれませんが、この表現を思い出してください。今日のポイントはtough。toughはよく日本語でも「タフな人」と使われますよね。でも、英語だとほかにも使い方があります。その一つが今日の表現のtoughです。これは「厳しい」という意味です。toughも色々と使い方があるので、少しずつ身につけていきましょう！

A.
162
答えは……

彼には感謝してもしきれない。彼には感謝の言葉もない。

今日のポイントは「enough＝十分」です。直訳すると「十分感謝できない」となります。あなたは感謝してもしきれない方、いらっしゃいますか？ 忘れないうちにその感謝の気持ちを伝えましょう！

動画No.528

Q.

163

今日の一言は

I'm planning a day trip to Hakone.

これはどういう意味でしょう?

動画No.529

Q.

164

今日の一言は

Could you write that word on the board?

これはどういう意味でしょう?

A.
163
答えは……

箱根への日帰り旅行を計画中です。

今日のポイントは二つあります。一つ目は「I'm planning＝計画中です」。そして二つ目は「day trip＝日帰り旅行」です。単語を少しずつ覚えて、組み合わせて文章を作ってみることを心がけてください！

A.
164
答えは……

その単語をボードに書いてもらえますか？

英語のレッスンでよく、先生が言った単語がわからない場合などに、“I don't know.”などその場の流れに合わない表現を使う人がいます。この表現を覚えてレッスンで使ってください。

動画No.530

Q.
165
今日の一言は

Do you cook?

難しく考えなくていいですよ。

動画No.531

Q.
166
今日の一言は

That's not a bad idea.

これはどういう意味でしょう?

A.
165
答えは……

料理するんですか？

「○○するんですか？」は大体 “Do you…?” を使います。たとえば、“Do you play sports?” だと「スポーツするんですか？」になります。先生やほかの生徒さん、友だちにこの形で聞ける質問を色々と考えてみてください！

A.
166
答えは……

それは悪くない（考えだ）ね。それ、いいじゃないですか。

“That's a good idea.” でももちろん大丈夫です。バリエーションとして覚えておいてください。 すごくいいアイデアの場合は、“That's a great idea.”、“That's an excellent idea.” とも言えます。

動画No.532

Q.
167
今日の一言は

You can tell me.

これはどういう意味でしょう?

動画No.533

Q.
168
今日の一言は

When I was small,
I wanted to be a nurse.

これはどういう意味でしょう?

A.
167
答えは……

言っても（話しても）大丈夫ですよ。

この表現は、たとえば「それは秘密です」みたいなことを言った人がいたら、「私には言っても大丈夫ですよ」という感じで使えます。あとは「言っても怒りませんよ」というような時にも使います。

A.
168
答えは……

小さい頃は看護師になりたかった。

この形は少し前にやりましたね。覚えていますか？ 覚えていない方は復習してください。きっと見つかります！ 英語表現は一度ではなく何度も見ることによって記憶に定着します。この表現は覚えられそうですね！

動画No.534

Q.
169
今日の一言は

I just love natto.

今日のポイントは、justとloveです!

動画No.535

Q.
170
今日の一言は

In a heartbeat.

これはどういう意味でしょう?

A.
169
答えは……

とにかく納豆が大好き。

ポイントはjustとloveです。justは色々な意味がありますが、一番訳しづらいのが今回の使い方。このjustは「とにかく」という意味で使います。文によって、「どうしても」「いいから」という使い方もします。「I just can't stop eating.＝どうしても食べるのをやめられない」「Just call her.＝いいから電話しなよ」。Loveはここでは「愛している」という感じではないので、大好きなものに使ってください。

A.
170
答えは……

すぐに○○するよ。すぐにでも。

たとえば、「○○社にうちで働いてくれって言われたら、OKする？」と聞かれて、「すぐにOKするよ」というような時に使います。
heartbeatは「鼓動」という意味です。ここでは“a heartbeat”なので、「1鼓動」、つまり「一瞬」という意味あいです。

Q.
171
今日の一言は

動画No.536

She's out of my league.

これは一体どういう意味でしょう?

Q.
172
今日の一言は

動画No.537

I think I'll pass.

これはどういう意味でしょう?

A.
171
答えは……

彼女は高嶺の花です。

Sheのところにあなたが自分にはちょっと手が届かないかなと思う異性の名前を入れてください。この表現が覚えやすくなります。leagueという単語は野球のリーグと考えてください。リーグの外というのは、メジャーとマイナーの違いです。自分はマイナーだけど、相手はメジャー級という時に使えます。女性が男性に対して使っているのをあまり聞いたことがないですが、使わないわけではありません。

A.
172
答えは……

やめておこうかな。
今回はパスしようかな。

今日のポイントはI thinkです。"I'll pass." だと「やめておく」となりますが、I thinkが入ると「やめておこうかな」となります。I thinkを入れると「かな」という感じでちょっと表現がやわらぐわけです。I thinkのこんな使い方も覚えておいてください。

動画No.538

Q.
173
今日の一言は

Could you pass me the salt?

これはどういう意味でしょう?

動画No.539

Q.
174
今日の一言は

I think you're right.

これはどういう意味でしょう?

A.
173
答えは……

塩取ってもらえますか？

今日のポイントはpass meです。pass meを使うのは、頼む相手の手の届く範囲にある時が主です。 立って取りに行ってもらう場合には、pass meは使いません。Get meを使います。「Could you get me the salt?＝塩取ってきてもらえる？」。この違いを覚えておいてください。

A.
174
答えは……

確かにそうだよね。その通りだね。君の言う通りだね。

たとえば友人が、「僕は○○に関してこう思うんだけど」と言ってきた場合、「一理ある」や「その通りかも」と思った際に使える表現です。I thinkは「思う」と訳されることが多いですが、実際、私たちネイティブの感覚だと、「思う」以外に「確かに」という使い方もします。I thinkの新たな使い方を覚えてください！

Q.
175
今日の一言は

動画No.540

It wasn't that good.

今日のポイントはthatです。この表現はどういう意味でしょう?

Q.
176
今日の一言は

動画No.541

No news is good news.

これはどういう意味でしょう?

A.
175
答えは……

そんなに良くなかった。
そんなにおいしくなかった。

「そんなに○○（よく）なかった」という意味で使える表現です。色々なことにそのまま使えます。お芝居や食事の評価をする時には当然使えます。逆に “It wasn’t that bad.” だと「そんなに悪くなかった」になりますので、こちらもついでに覚えておいてください。

A.
176
答えは……

便りがないのは
良い知らせ（便り）だ。

友だちから久しく連絡がなかったりすると、ちょっとさびしいと感じる人もいるかもしれません。そういう時に、「仕事とかが（いい意味で）忙しいんじゃない」という意味あいで使います。

動画No.542

Q.
177
今日の一言は

Can I borrow your phone?

これはどういう意味でしょう?

動画No.543

Q.
178
今日の一言は

Wake up and smell the coffee.

これはどういう意味でしょう?

A.
177
答えは……

電話借りてもいい？ 電話貸してくれる？

日本語ではDVD屋さんでお金を払ってDVDを「借りる」時も、友だちからシャーペンの芯をタダで「借りる」時も同じ「借りる」ですが、英語だとお金を払う場合とお金を払わない場合は違う動詞を使うので、使い分けましょう。今回のborrowはお金が絡まないほうです！ お金が絡むほうはrentです。レンタルDVDはお金がかかるので、rentです。

A.
178
答えは……

目を覚ましてください。 現実を見てください。

まだ寝ていて、夢を見ているんですか？ というようなニュアンスで使います。朝はやっぱりコーヒーですからね。以前「うちではコーヒーよりも紅茶なんですが、coffeeをteaに替えてもいいですか？」と聞かれたことがあります。 そういう問題ではなく、こういう言い方なので、coffeeを使ってください。でも洒落っ気で使うのはありです！

Q.
179
今日の一言は

動画No.544

I'll do the rest at home.

これはどういう意味でしょう?

Q.
180
今日の一言は

動画No.545

Did you lose weight?

これはどういう意味でしょう?

A.
179
答えは……

残りは家でやります。

今回のthe restですが、これは「残り」という意味です。英語のクラスでエクササイズが終わらなかった場合などに使えますね。こういう表現は先生に「残りは宿題としてやってきてください」と言われる前に言いたいですね。そういうふうに話せるようなイメージを持って勉強をがんばってください。

A.
180
答えは……

やせた？
やせました？

たまに “Weight loss?” と言ってくる方がいますが、正しい聞き方はこれです。逆に「太る」や「体重が増える」はgain weightと言います。「太った？」は “Did you gain weight?” となります。

動画No.546

Q.
181
今日の一言は

How did you lose weight?

これはどういう意味でしょう?

動画No.547

Q.
182
今日の一言は

He lost his temper.

これはどういう意味でしょう?

A.
181
答えは……

どうやってやせたんですか？

「どうやって○○しましたか？」はこの形を使って聞きます。たとえば、「How did you come here?＝どうやってここまで来たんですか？」。実は僕、体重のピークが78kgだったのですが、コーヒーを含めて牛乳を摂取するのをやめたら、１ヶ月で３kg落ちました。その後ほぼ毎日腹筋してたら２週間でもう1.5kg減りました。ダイエットで成功したことがある人はぜひその方法を教えてください！

A.
182
答えは……

彼はキレた。
彼は怒った。

lose temperは「平常心を失う」という意味です。そういう意味でキレた、怒ったという感じで使います。あと、“He has a temper.”だと「彼は怒りっぽい」「彼はかんしゃく持ち」という意味になります。あなたの周りにはこういう人いますか？ あてはめて覚えてください！

Q.
183
今日の一言は

動画No.548

This smells good.

これはどういう意味でしょう?

Q.
184
今日の一言は

動画No.549

Have you ever tried Horai's nikuman?

これはどういう意味でしょう?

A.
183
答えは……

これ、いいにおいするね。
これ、おいしそうなにおいするね。

見た目を言う際は、“This looks good.” とも言えます。どちらも食事の際に、心の中で言ってみてください！

A.
184
答えは……

蓬莱の肉まん食べたことある?／
食べたことありますか?

“Have you ever ...?” は「○○したことありますか？」という意味でよく使います。everは強調で「今までに一度でも」というニュアンスです。triedは「○○してみたことある？」と言いたい時に使います。

Q.
185
今日の一言は

動画No.550

He's an early bird.

これはどういう意味でしょう?

Q.
186
今日の一言は

動画No.551

I have to get up early tomorrow.

これはどういう意味でしょう?

A.
185
答えは……

彼は早起きです。

鳥は朝早いですからね。あなたはearly birdですか？ 早起きは三文の得と言いますが、英語では「The early bird catches the worm.＝朝早く起きる鳥がミミズを捕まえる」と言います。

A.
186
答えは……

明日は早起きしないといけない。

早く帰る理由や言い訳にも使えます。この表現は、言われるとすぐわかるのに、言おうとすると正しい英語が出てこない表現です。覚えてください！

動画No.552

Q.

187

今日の一言は

It wasn’t so hard.

これはどういう意味でしょう?

動画No.553

Q.

188

今日の一言は

Can I take a 5-minute break?

これはどういう意味でしょう?

A.
187
答えは……

そんなに難しくなかった。

soは「そんなに」という意味です。そしてhardは「難しい」という意味です。たとえば、「英語の習得は難しかった？」と聞かれたら、この表現を使ってください。絶対に言ってくださいよ！

A.
188
答えは……

５分休憩していいですか？

英語のレッスンがちょっと長い時とか、ちょっとしんどくなってきたな～と思ったら、思い切ってこの表現を使ってください。僕の講座では、テンションが上がりすぎて、休憩するのを忘れることがよくあります。僕の講座に参加される方は、この表現を覚えておいてください。

Q.
189
今日の一言は

動画No.554

He liked it.

これはどういう意味でしょう?

Q.
190
今日の一言は

動画No.555

It's too good to be true.

これはどういう意味でしょう?

A.
189
答えは……

（彼、それを）気に入ってたよ。気に入ってましたよ。

すごく簡単な表現ですが、これが案外出てこないんです。この表現を少しアレンジして、自分に対して使ってみましょう。たとえば、「I liked it.＝気に入りました」。もうちょっと長い文章にしてみましょう。「I liked it, so I kept one for myself.＝気に入ったので、一つ自分用にとっておきました」。こういう簡単な短い文は、ちょっとアレンジしたり、長くしてみると、いい作文の練習になります。

A.
190
答えは……

話がうますぎる。まるで夢のよう！

今回の表現はこの二つの使い方をします。前者はちょっとネガティブなシチュエーションです。後者は「こんなことってあるんですね！」というようなポジティブなシチュエーションです。

動画No.556

Q.
191
今日の一言は

I'm all excited.

これはどういう意味でしょう?

動画No.557

Q.
192
今日の一言は

Thanks anyway.

これはどういう意味でしょう?

A.
191
答えは……

めちゃくちゃ楽しみです。めちゃくちゃ興奮してます。

この場合のallは「めちゃくちゃ」とか「すごく」という意味ですが、イメージとしては体中、体のすべてが興奮している！ 感じです。今度、何かすごく楽しみなことがあったら、この表現を使ってください。

A.
192
答えは……

でも、ありがとう。

この表現は人に何かをお願いしたけど、その結果がよくないものだった時に「でも、やってくれてありがとう」というニュアンスで使います。違うシチュエーションでも使います。たとえば、友人に食事に誘われたけど、行けない場合に、「でも誘ってくれてありがとう」という意味でも使えます。

Q.
193
今日の一言は

動画No.558

I did the best I could.

これはどういう意味でしょう?

Q.
194
今日の一言は

動画No.559

First things first.

これはどういう意味でしょう?

A.
193
答えは……

できるだけのことはやりました。

人に何かをお願いされて、いい結果にはならなかった場合に使えます。

A.
194
答えは……

最初にやるべきことを最初にやりましょう。

「最初にやっちゃいましょう」と言いたい時、たとえば、友だちと会って、「忘れる前に借りてたお金返すね」というような時に使えます。直訳すると、「最初のものは最初に」という感じです。

動画No.560

Q.

195

今日の一言は

Is he always like that?

これはどういう意味でしょう?

動画No.561

Q.

196

今日の一言は

Again?

これはどういう意味でしょう?

A.
195
答えは……

彼っていつもああなの？

初対面でちょっと変な人がいたら使えますね。ネガティブなシチュエーションだけではなく、ポジティブなシチュエーションでも使えます。たとえば、すごく面白い人を指す時にも使えます。

A.
196
答えは……

また？

これは簡単でしたか？　文章ではなく、単語でもいいわけですね。この表現はポジティブなシチュエーションでもネガティブなシチュエーションでも使えます。たとえば、「またかよ」という時にも使えます。

Q.
197
今日の一言は

動画No.562

It's like this all year round.

これはどういう意味でしょう?

Q.
198
今日の一言は

動画No.563

This is neat.

これはどういう意味でしょう?

A.
197
答えは……

一年中こんな感じです。

天気や気候の話をする時に使えそうな表現です。ただ、日本だと場所にもよりますが、四季がはっきりしているので、使えないかもしれませんね。仕事の忙しさ加減を話す時にも使えます。「ずっと忙しいんです」という使い方もできますし、「ずっと暇なんです」という使い方もできます。簡単そうでけっこう難しい文ですね。

A.
198
答えは……

これいいね。

この表現はちょっとしゃれたものとかにコメントする時によく使います。neatは元々は「こぎれい」という意味の表現ですが、「かっこいい」とか「素敵」という意味でも使ったりします。

Q.
199
今日の一言は

動画No.564

He is very tidy.

これはどういう意味でしょう?

Q.
200
今日の一言は

動画No.565

He is very nosy.

これはどういう意味でしょう?

A.
199
答えは……

彼はとても几帳面（きれい好き）です。

tidyな方は “I’m tidy.” と余白に書いておいてください！

A.
200
答えは……

彼は詮索好き。

首を突っ込んでくる人をnosyと言います！ 日本語では首、英語では鼻です！ 覚えておいてください！

本作品は、mixi コミュニティ「英語 英会話 一日一言」
No.366 ～ 565 に加筆修正したものです。

イムラン・スィディキ
(Imran Siddiqui)

1976年生まれ。コペル英会話教室 麻布十番本校のオーナー校長。上智大学大学院時代に様々な英会話スクールで教え、ナンバーワン講師に。大学院卒業後、中央青山監査法人に就職したが、英会話スクール業界の改革への気持ちが冷めず、2003年にコペル英会話教室を設立。05年に立ち上げたmixiコミュニティ「英語英会話一日一言」は大きな話題を呼び、現在メンバー数は10万人を超える。07年より1日で英会話の基礎を学ぶ「イングリッシュ・ブートキャンプ」をスタートさせるほか、現在、多数の英語教材を開発している。2012年より、2日間の集中英語講座、「サドンデス・イングリッシュ」を全国で開催中。著書に『これだけ言えれば会話が続く! 英語表現100』(だいわ文庫)など。

コペル英会話教室
東京都港区麻布十番1-3-8
FPLAZA705
電話03-3583-1960

だいわ文庫

ニュアンスまでわかる! 伝《つた》わる!
英語《えいご》表現《ひょうげん》200

著者 イムラン・スィディキ

二〇一三年七月一五日第一刷発行

発行者 佐藤 靖
発行所 大和《だいわ》書房
東京都文京区関口一-三三-四 〒一一二-〇〇一四
電話 〇三-三二〇三-四五一一
装幀者 鈴木成一デザイン室
本文デザイン 金井久幸(TwoThree)
本文印刷 厚徳社
カバー印刷 山一印刷
製本 小泉製本

ISBN978-4-479-30440-1
乱丁本・落丁本はお取り替えいたします。
http://www.daiwashobo.co.jp